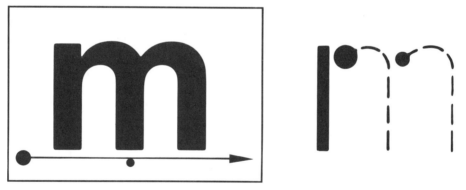

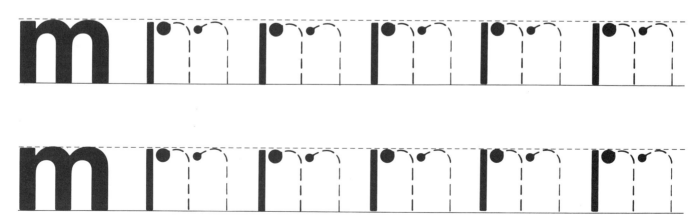

m

a

a

a a a a a a a a

a a a a a a a a

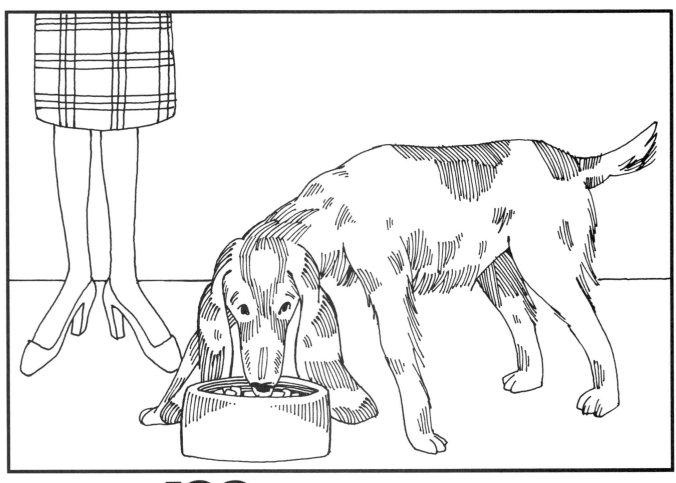

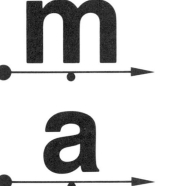

s **a** **m** **s**

s

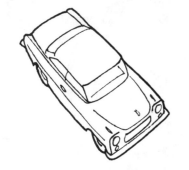

s

s

 **a**

m **s** **s**

a

a

a

m s a

s

a m a

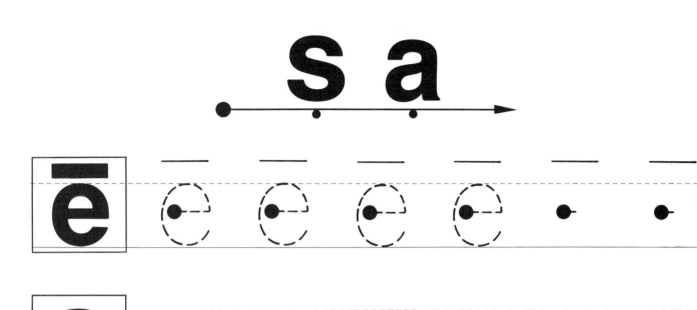

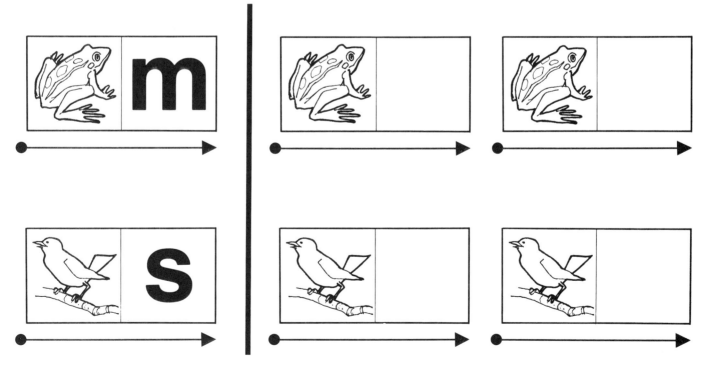

ē s a ē

ē ē

ē m ē

ē

a ē s ē m ē

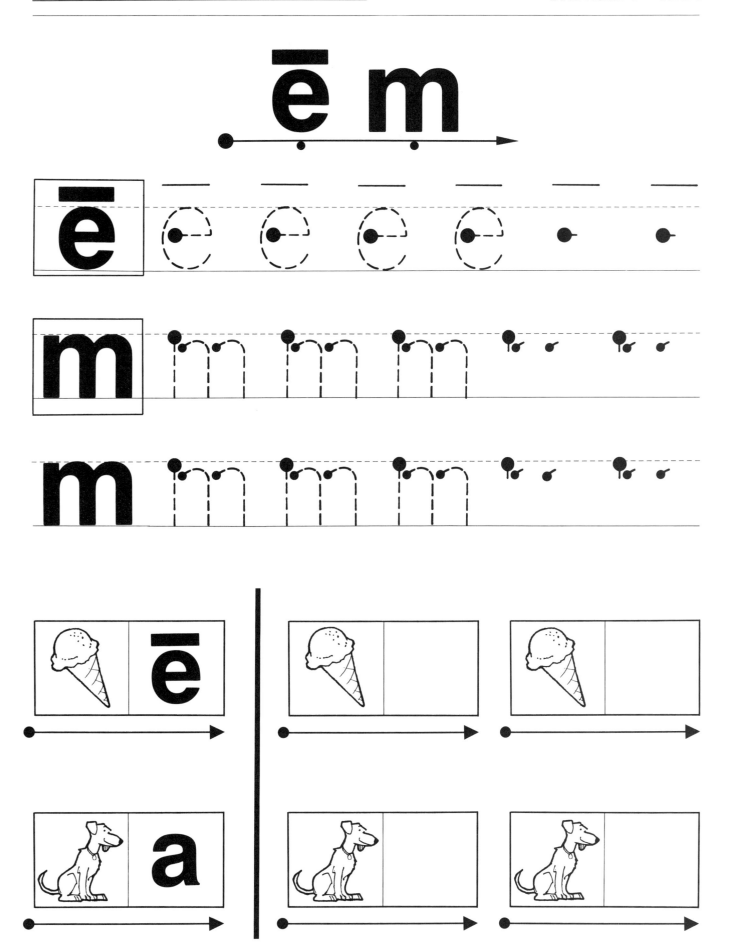

m   a   s   m   m̶

m   m

m   m   ē   m

m   s   m   ē   a   m

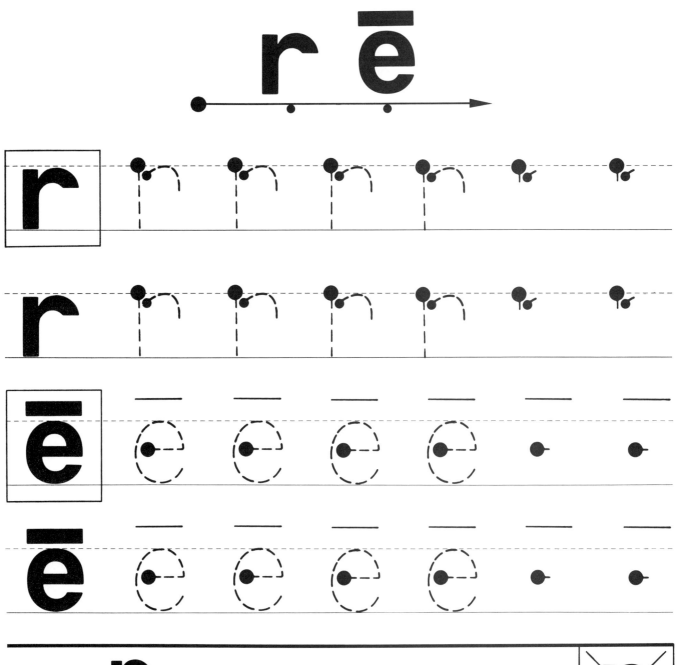

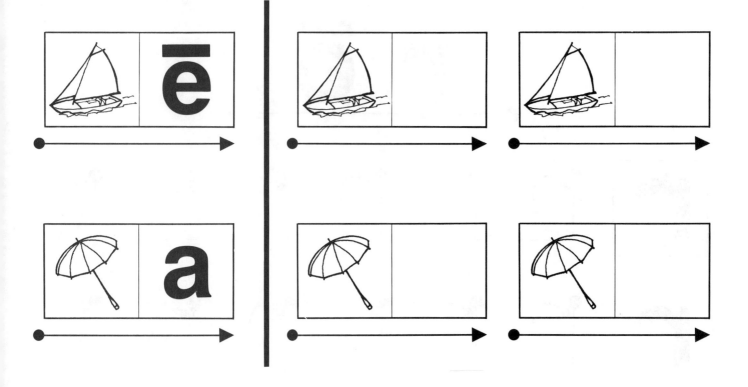

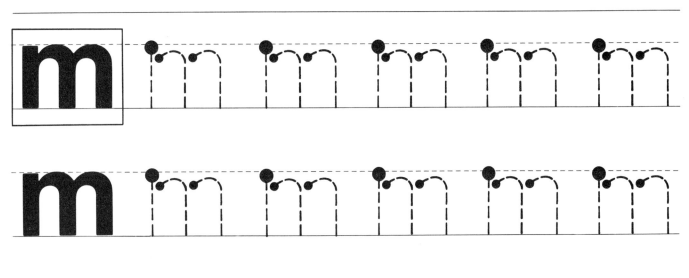

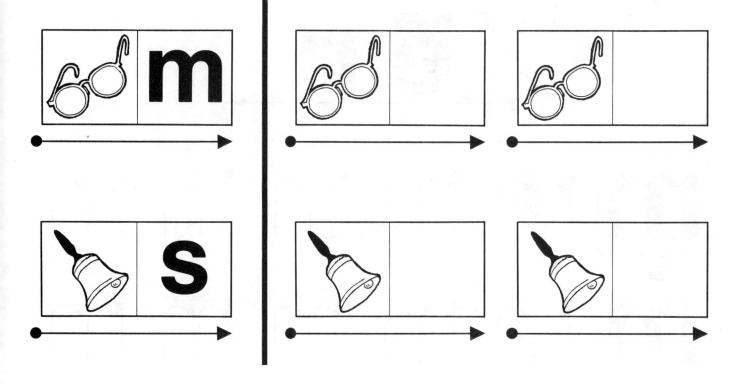

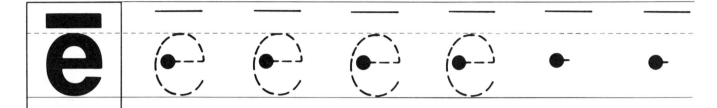

ē e e e e • •

ē e e e e • •

a a a a a • •

a a a a a • •

m s m ⊠m

s m mē

m s

r m m a r

m m

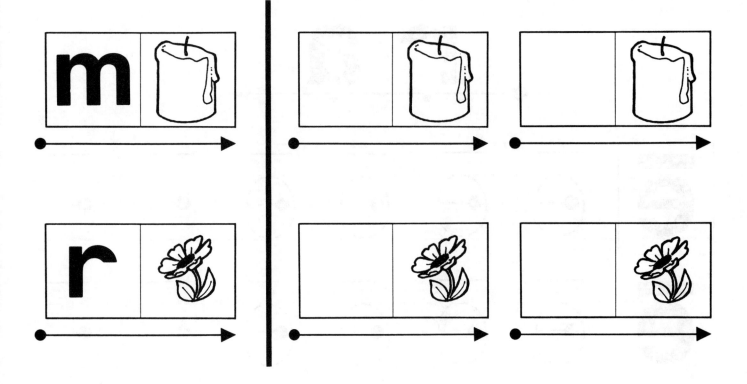

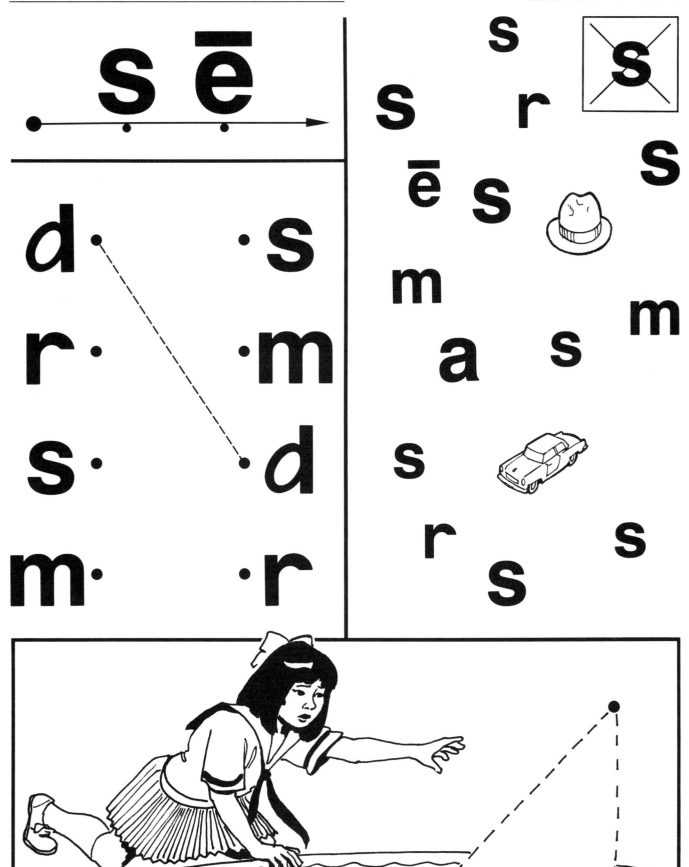

s ē

s

r

s

s

s

ē s

s

d

s

m

s m

a

m

r

s

s

s

m

d

s

r s

m

r

r

s

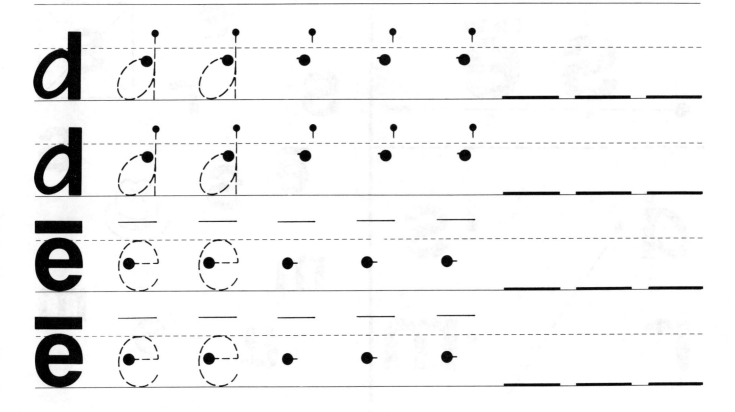

Printed in the United States of America.

r̄
r   ē
          s

r

r   s   d
s   r

m   r

s   a   r

a   d   r
         s   r̄

d   r
m   d   s   r

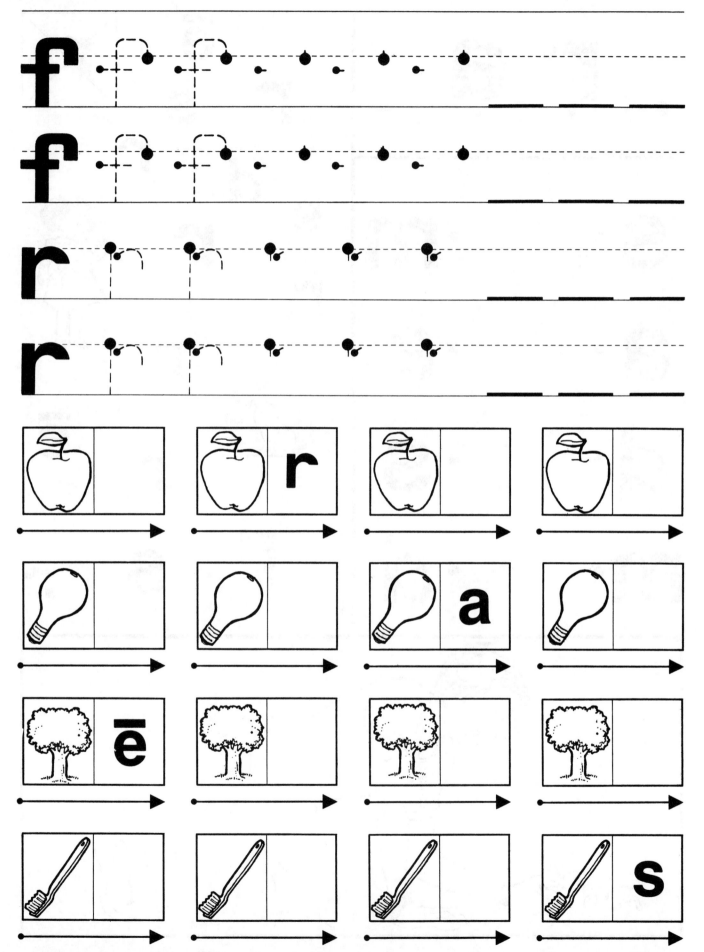

ē •   • r

d •   • r ē

f •   • m

a •   • f

r •   • a

m •   • d

s m

m r

m m   s

m

m   s   m

m

r   m

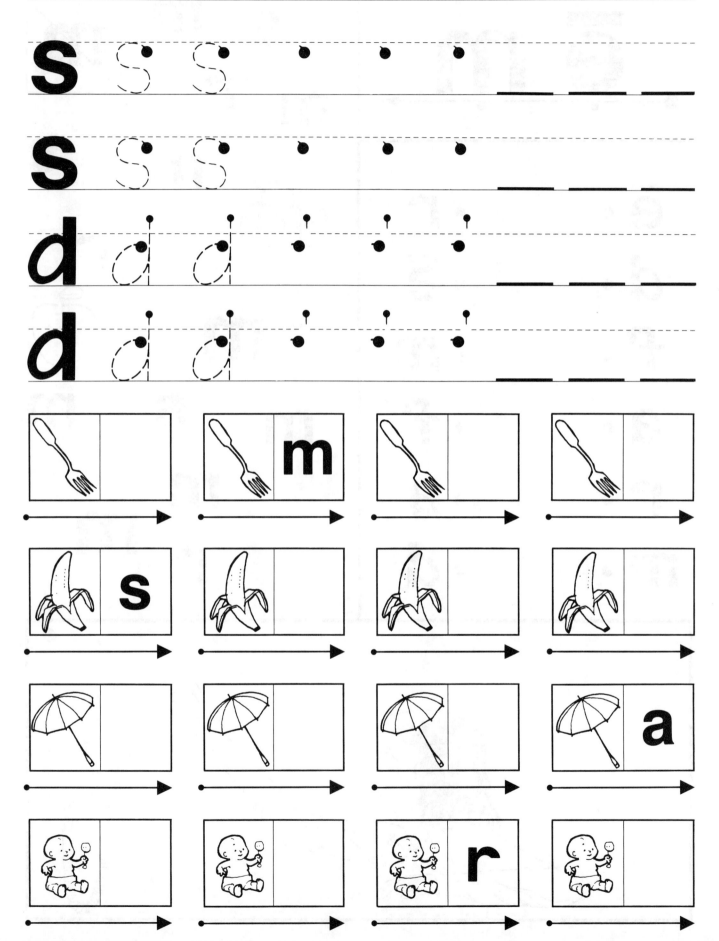

mē

ē •   • a

m •   • f

s •   • m

f •   • d

a •   • ē

d •   • s

i

i

i   d

f   i   d

i   S   i

d   i

i   f

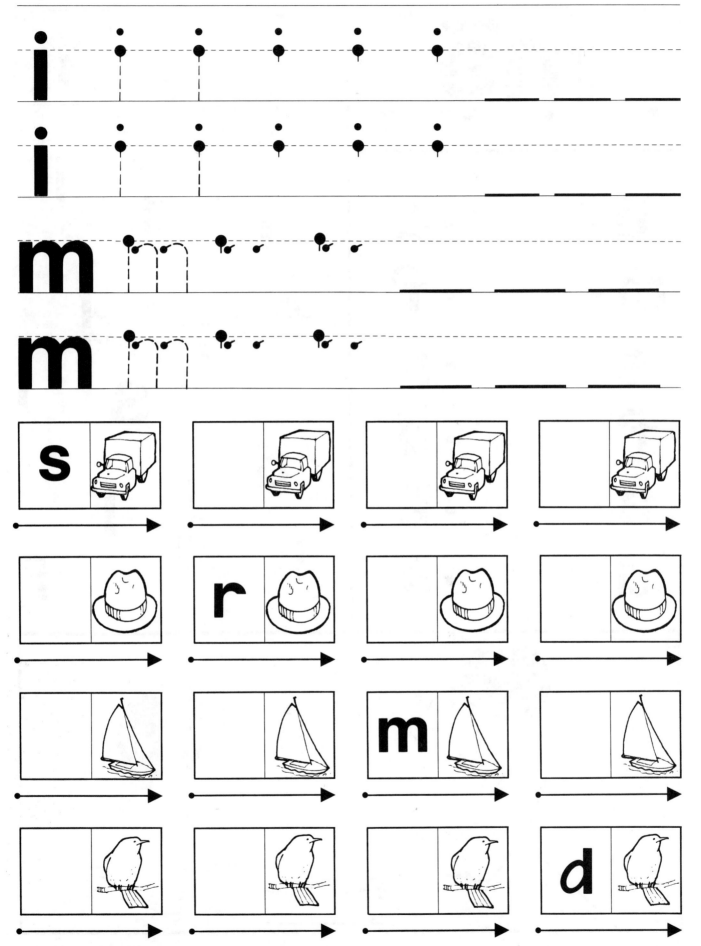

ē_ar

r

m

r

r r ē

i

r

s

r i

r

s r

r

r •
d •
i •
ē •
a •
f •

• i
• a
• r
• f
• d
• ē

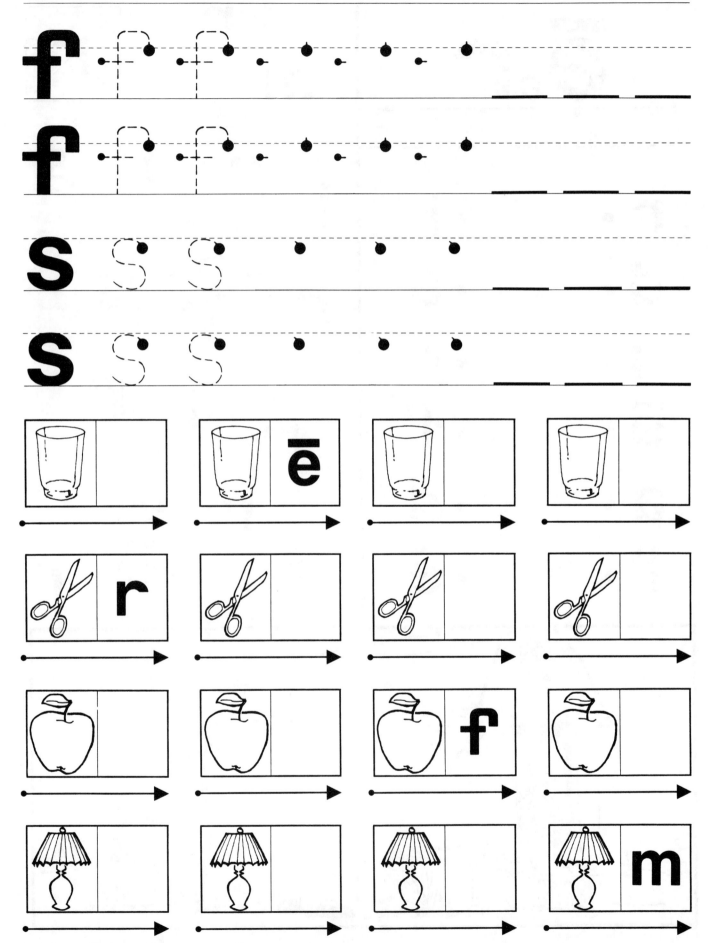

s̄ēē

x i

s •   • m
i •   • m̄ē
f •   • s
d •   • f
m •   • i
m̄ē •   • d

i ē i
d
f
i f i
i
i
i ē
i
i d i

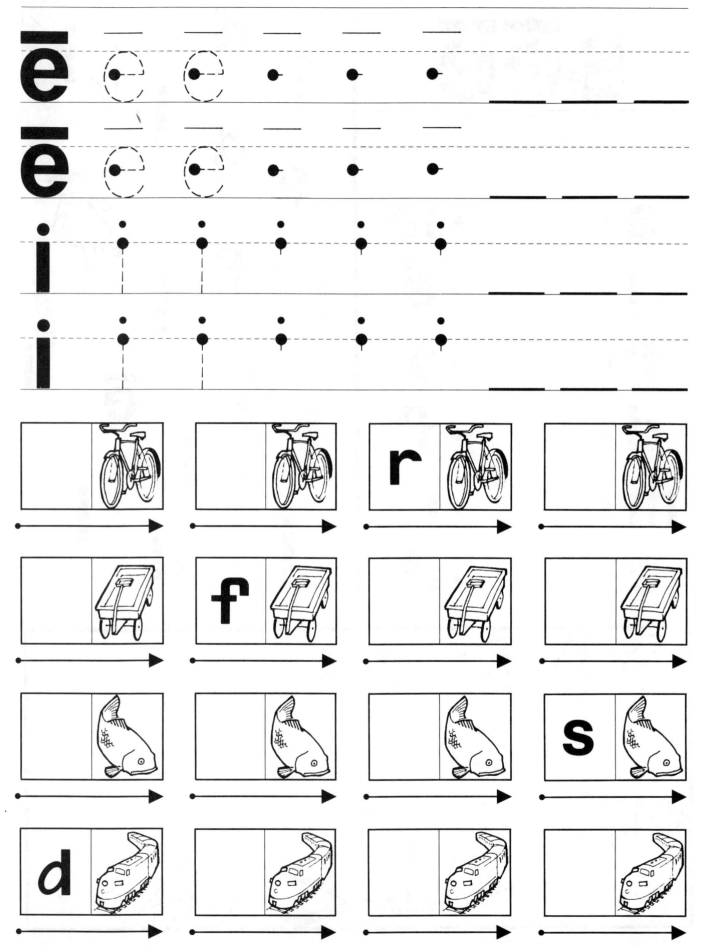

th   f   ~~th~~

r   th

th   s

a •   • r

r •   • d   th

i •   • s   th   th

d •   • a

f •   • i   f   th

s •   • f   s   f   th

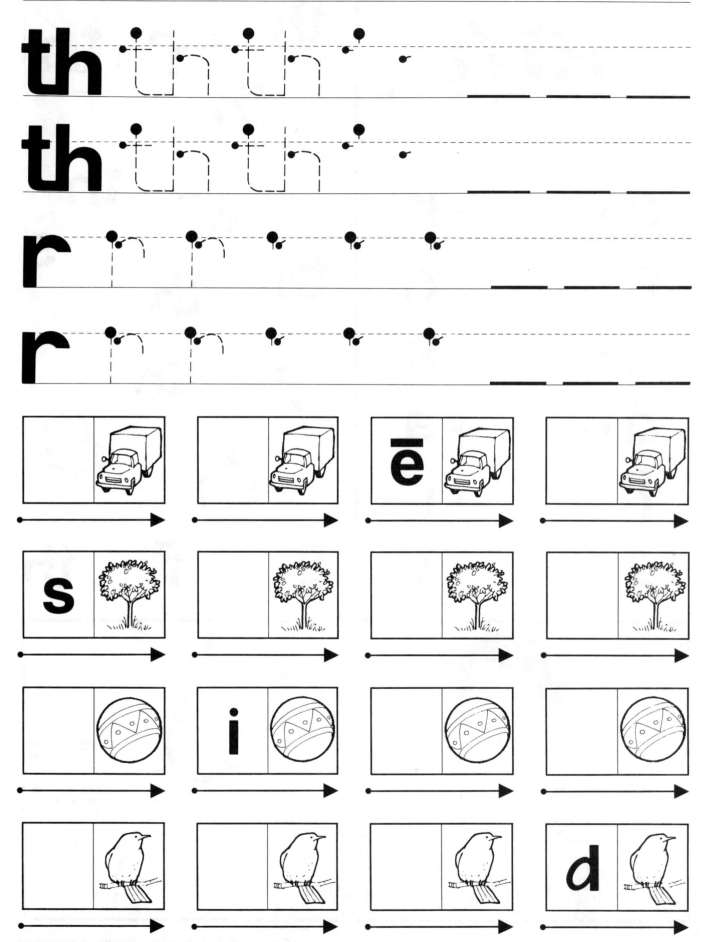

mē

ad_d

add

r			r	

			ē		r	ē

	f		s		s	f			f

a			a	d			d		a	

i	m			m		i				m

th

th

r

⊠th⊠

th

ē

s

th

th

ē

th

r

f

th

th

f

th

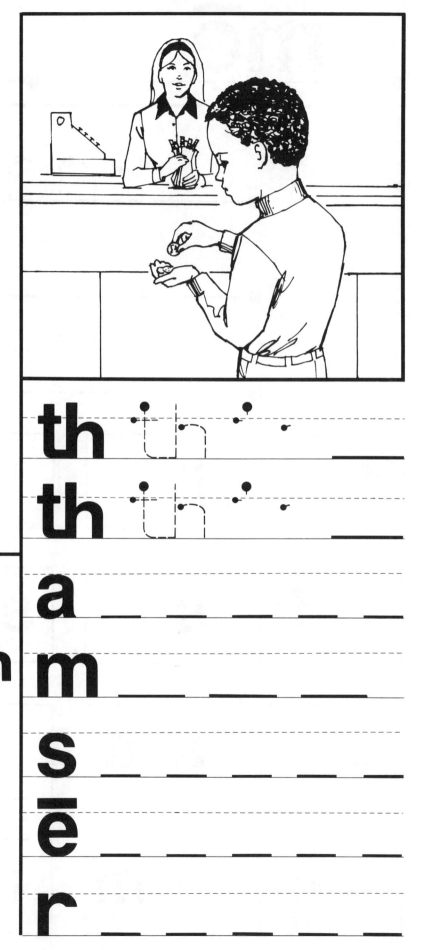

th

th· ·i

i· ·i

f· ·th

d· ·d

r· ·s

s· ·f

·r

th

th

a

m

s

ē

r

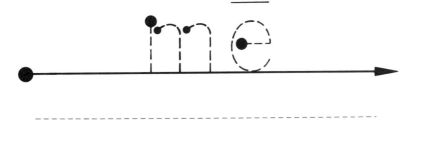

m	f

m	

	f

m	

ē	

	s

ē	

ē	s

d	

d	a

	a

d	

r	

	m

r	m

	r

ē

~~f~~ (ē)

ē

f   r

        ē

s   d

         f

   ē th

m

   s   f

 f

    d ē

r •   • d

ē •   • s

s •   • r

d •   • ē

th •   • m

m •   • th

th _____

i _____

f _____

d _____

s _____

a _____

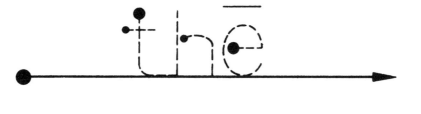

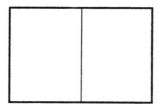

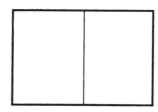

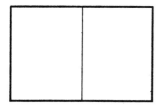

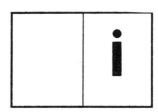

s

[x] m   (s)

m   a

th   s

ē   f   m

d   m   i

s   m

s   t

ē •   • r

th •   • t

t •   • ē

f •   • th

r •   • d

d •   • f

th ____ ____ ____

t ____ ____ ____

d ____ ____ ____

ē ____ ____ ____

m ____ ____ ____

a ____ ____ ____

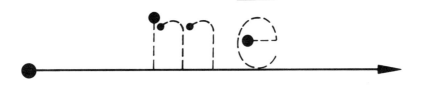

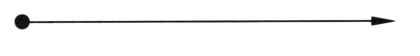

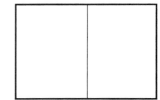

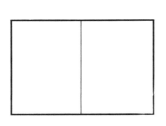

th r

r

i

r th

th m

r th i

f r

d f

th a

i • • t

t • • m

a • • s

f • • i

m • • f

s • • a

t

i

s

d

r

ē

	r	f

f	r

d	m

d	

	m

t	n

n	t

ē	

i	

i	ē

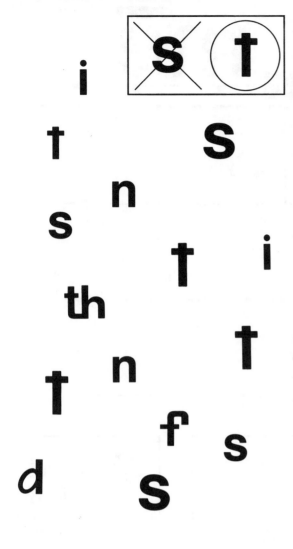

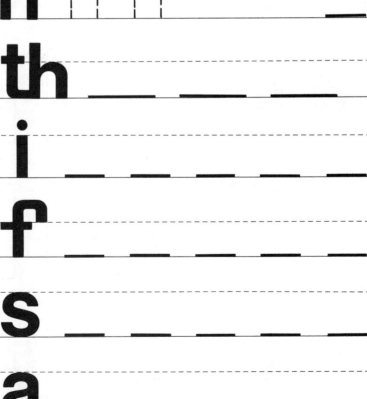

th •   • f

f •   • n

d •   • a

n •   • d

t •   • th

a •   • t

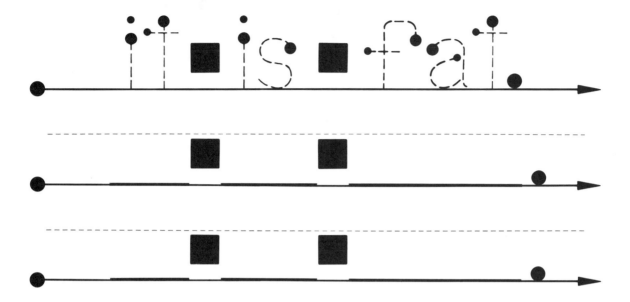

 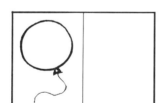 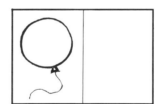 

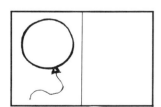   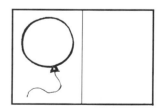

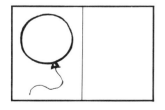  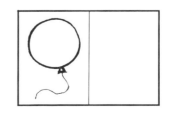 

n

☒ i Ⓝ n

n
th
c
n
f
i

i
i
n
d
n
c

t
n
th
i

c •   • th
n •   • ē
i •   • c
th •   • f
f •   • n
ē •   • i

c
t
f
n
m
i

that. fan. ran.

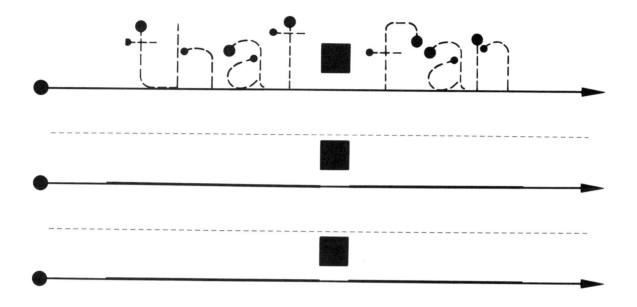

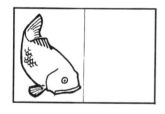 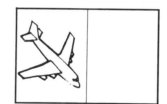 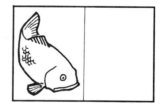 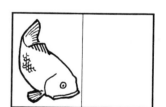

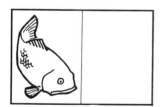 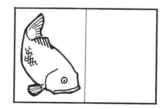 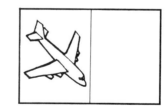 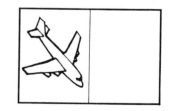

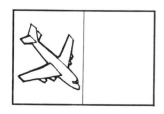 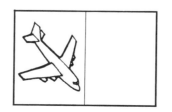 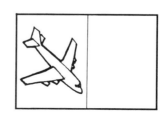 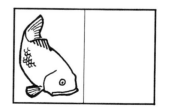

c r̶ (r̄ē)

c

r   i   ē

r

t   ē   r

th   r   n

ē   t   c

ē   r

c · · · · ·

d ─ ─ ─ ─

t · · · ·

o ⊘ ⊘ · · ·

n ─ ─ ─ ─

ē

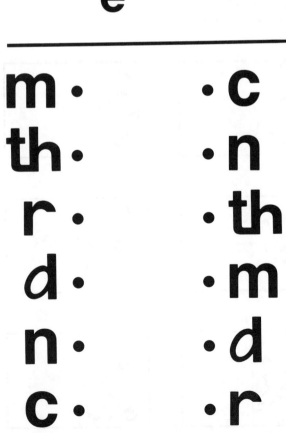

m ·   · c

th ·   · n

r ·   · th

d ·   · m

n ·   · d

c ·   · r

mad at mē

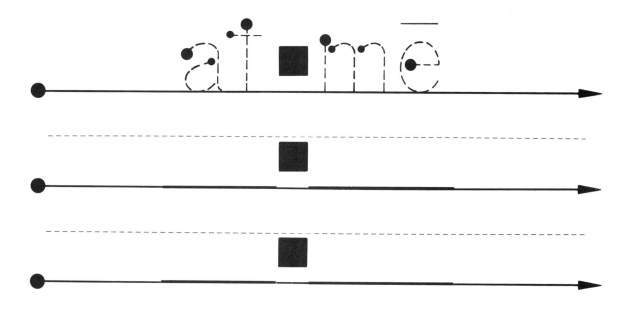

   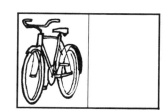

  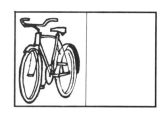 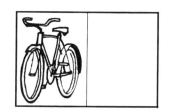

c

✗ t	ⓘ

c

t

i

i

ē

t

i

i

c

t

t

f

t

n

t

i

th

n

c

o •

n •

t •

ē •

s •

d •

• d

• t

• s

• n

• ē

• ō

c

o

n

t

s

a

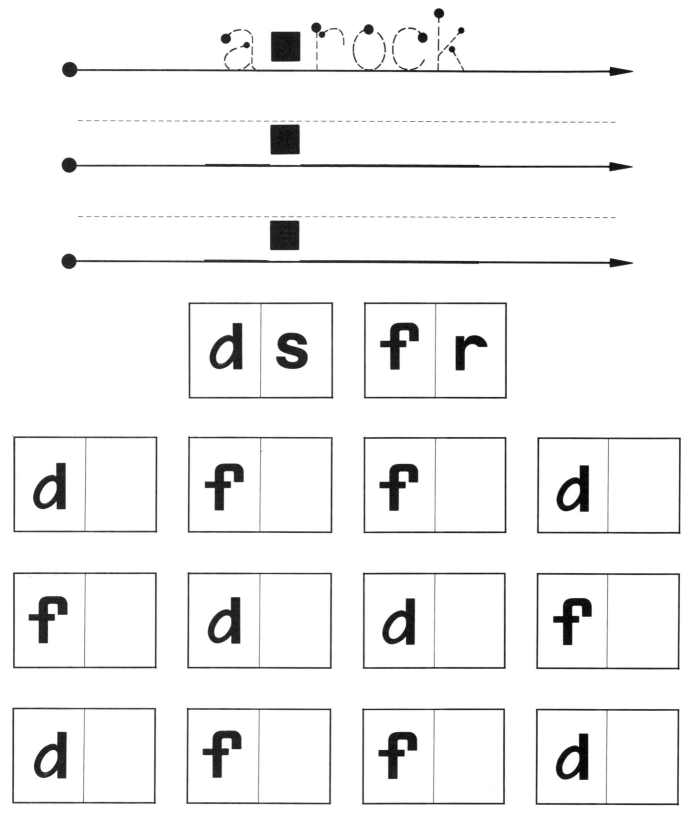

r m

n

m

r

o

t

r

th

o

m

r

r

o

t

m

c

n •   • c

th •   • ē

t •   • a

ē •   • t

c •   • n

a •   • th

c

n

o

m

a

d

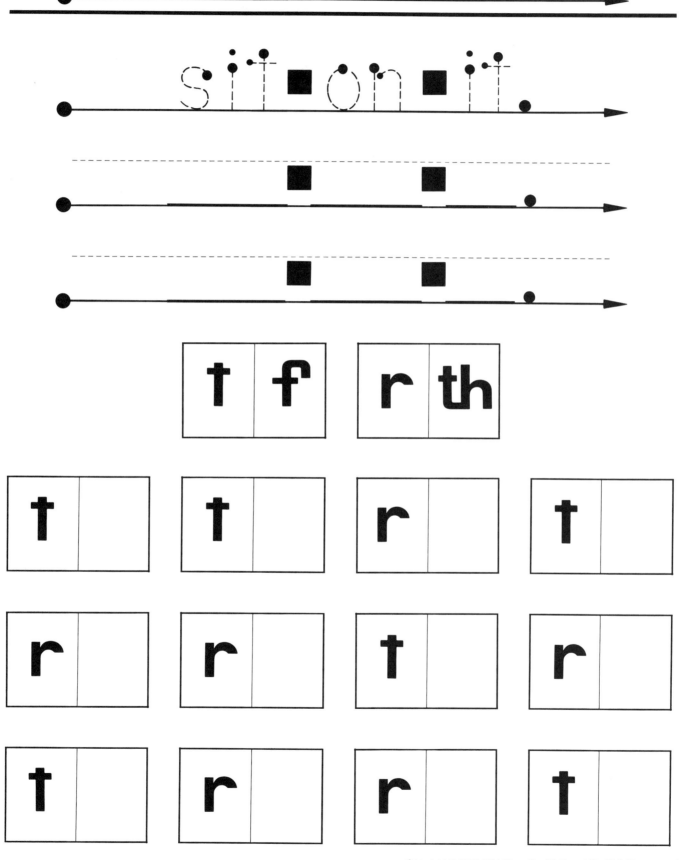

X̶ t   C

i

t   c   o

i   n

c   t   t

c   th   c

m   t

c

o

r •   • m

m •   • t

n •   • c

c •   • d

t •   • r

d •   • n

n
t
c
i
th
ā

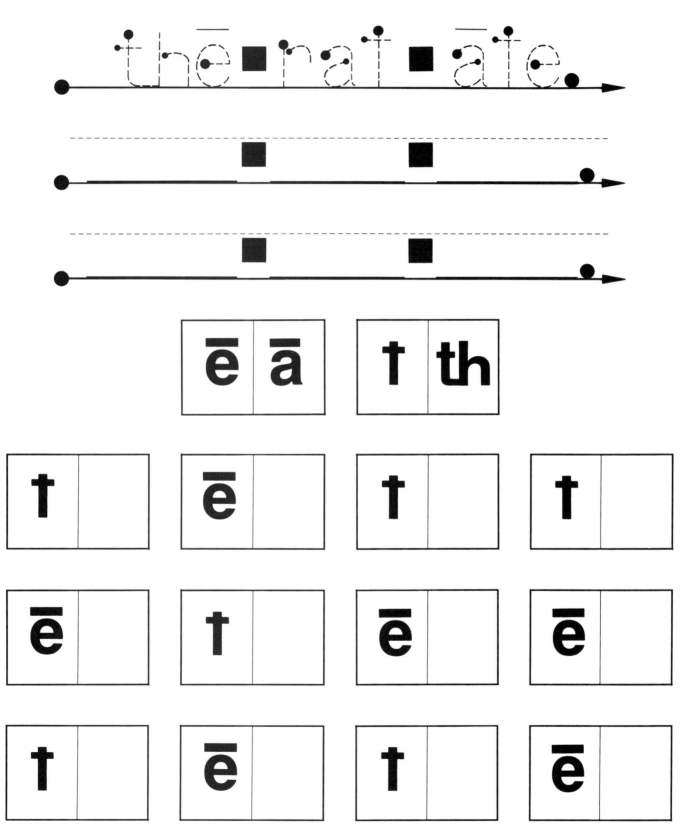

c [n̶] (a)

a

o

c n

a

c

n a

n ā

ā a

n

n

o

a ā

o

ā·

c·

o·

th·

n·

m·

·n

·nā

·c

·cm

·o

·th

a

o

n

c

th

s

Printed in the United States of America.

this ▪ is

not ▪ mē.

this ▪ is

▪

ā	ē		n	o

ā		n		ā		n	

n		ā		ā		n	

ā		n		n		ā	

n   ā̶   ©

c   ā   o

th   c

    ā   †   ā

    o   c   n

              c   ā

              †   ā

         c

ā *a* *a* · · · ·

a

o

n

s

ē

o ·   · ā

ō ·   · c

c ·   · o

ē ·   · n

n ·   · th

th ·   · ē

this▪saCk

is▪fat.

this ▪ sack

▪

a	a

| a | m | | a | a | | a | s | | a | r |

r	c

| r | ē | | r | m | | r | c | | r | s |

s	m

| s | m | | s | a | | s | d | | s | m |

t	ē

| t | ē | | t | r | | t | m | | t | d |

n

r̶ (n)

n

r

h

n c

t r

r th

o n

r h

o r

h •   • c

ā •   • th

n •   • ā

o •   • h

c •   • o

th •   • n

h
n
ē
d
f
i

is ∎ this

a ∎ mitt?

∎

c	n

| c | a | | c | n | | c | t | | c | f |

d	o

| ē | o | | t | o | | d | o | | a | o |

f	ē

| f | c | | f | d | | f | a | | f | ē |

i	i

| i | s | | i | i | | i | n | | i | i |

t

n⃠ (m)

m

i   n

n   m

m   i   h

n   m   n   t

h   th   m

h

h•   •ē
t•   •o
o•   •h
th•   •t
ē•   •th
d•   •d

h
n
ā
o
a
c

thē ▪ man ▪ sat

on ▪ mē.

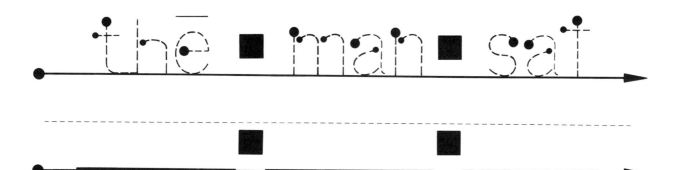

r	i

r	a	r	s	r	i	r	d

o	n

d	n	o	n	t	n	ā	n

f	a

f	f	f	ē	f	s	f	a

ē	ē

o	ē	ē	ē	m	ē	ē	ē

c ⊗ / o Ⓞ

o
ē
ā
i
o
c
n
o
c
th
c
r
c
ā
o

not. .it

is. .mē

it. .is

mē. .not

h

u

n

c

s

i

Printed in the United States of America.

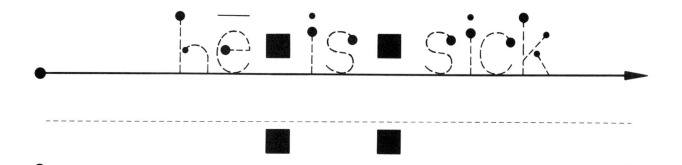

hē ▪ is ▪ sick

and ▪ sad.

a	r

a	s

a	a

a	r

a	m

d	n

d	f

d	i

d	t

d	n

c	ē

ā	ē

s	ē

c	ē

c	ē

o	m

r	m

o	m

s	m

i	m

k̶ (n)

f n t
f
h
o t h
n h
ā c
h n
h o
n

mad. .fan
sit. .am
fan. .sit
am. .mē
mē. .mad

h
u ⋃ ⋃ ⋃
n
ā
o
r

hē▪āt_e

a▪fat▪nut.

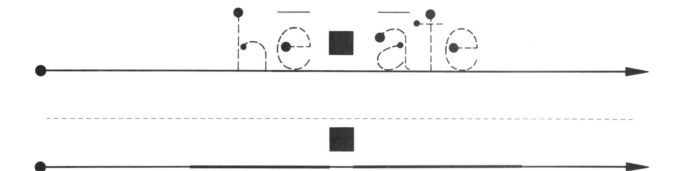

ā	o

| ā | o | | ā | i | | ā | a | | ā | o |

m	c

| n | c | | h | c | | m | c | | a | c |

r	s

| h | s | | r | s | | a | s | | ē | s |

i	h

| a | h | | n | h | | i | h | | m | h |

c

⊠ î ⓣ

i t d

i t i n

t o i th

h i t

and .   . fat

is .   . hē

hē .   . not

not .   . and

fat .   . is

n

u

h

t

o

c

thē ▪ sun ▪ is ▪ hot.

a ▪ man ▪ ran ▪ a

fan ▪ at ▪ us.

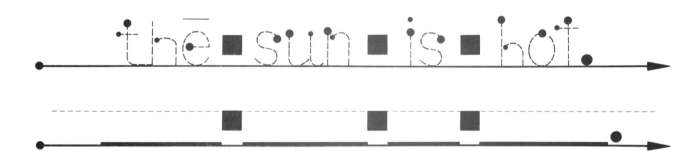

mā̄de	sick
āte	mad
mad	mā̄de
sick	āte

i

o

†   †

c

h

n   †   i

i

th

g g g "_ ‾

g

o _

ā _

c _

t _

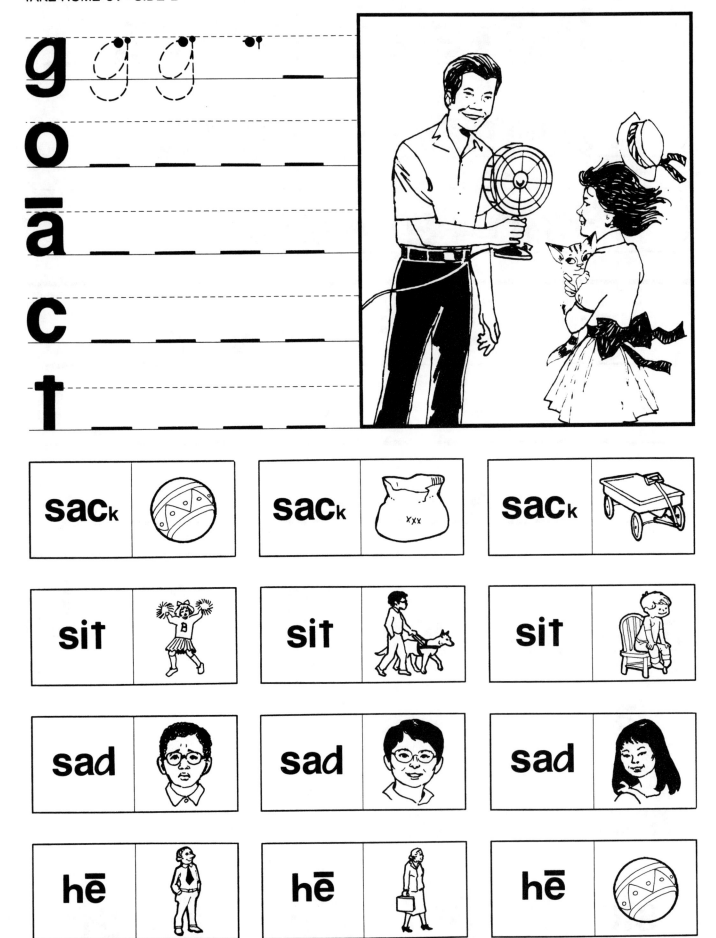

saCk		**saC**k		**saC**k	
sit		**sit**		**sit**	
sad		**sad**		**sad**	
hē		**hē**		**hē**	

hē ∎ is ∎ an ∎ ant.

hē ∎ has ∎ a ∎ soc_k

on ∎ his ∎ fēēt.

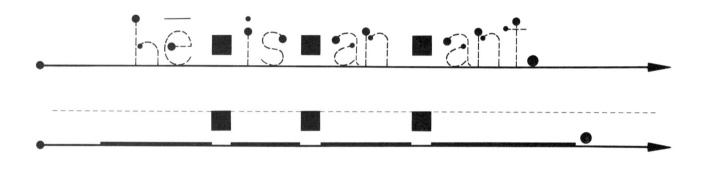

is	it
if	is
it	on
on	if

c

h

ā   n

n   h

o

g   h

n

h ⊗   n ⃝

l ● ● ●

u _ _ _ _ _

g _ _ _ _ _

n _ _ _ _ _

d _ _ _ _

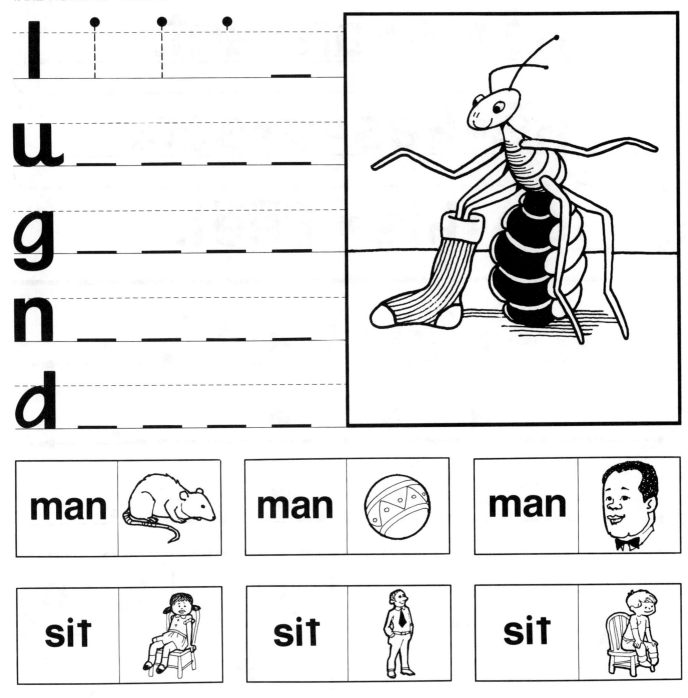

man	**man**	**man**
sit	**sit** 	**sit**
mitt	**mitt**	**mitt**
fat 	**fat** 	**fat** 

hē ▪ āt$_e$ ▪ a ▪ fig.

an*d* ▪ hē

is ▪ sic$_k$.

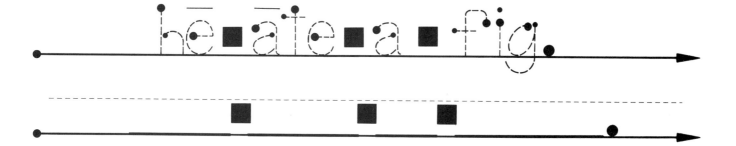

mē$_a$n

mē$_a$t

sat

roc$_k$

sat

roc$_k$

mē$_a$t

mē$_a$n

g

l

ā

h

ā

h

l

o

ā

l

g

⊠ Ⓐ̄

l

i

u

a

r

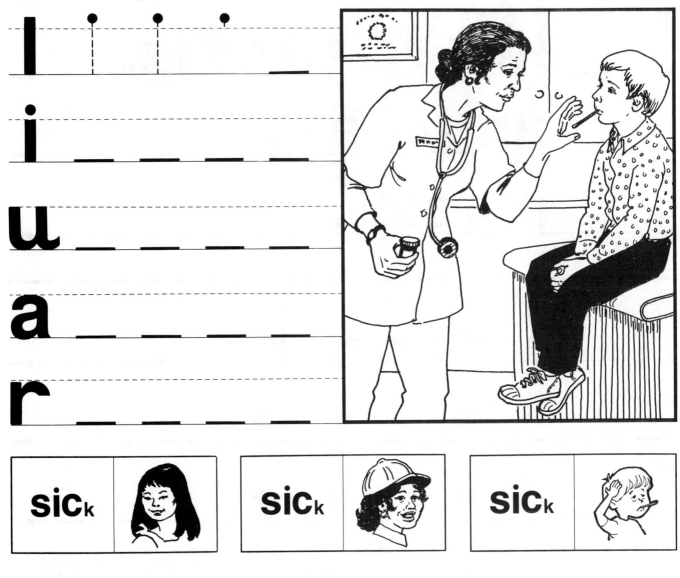

sic_k	sic_k 	sic_k 
rat 	rat	rat 
rag 	rag 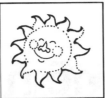	rag 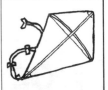
sun 	sun	sun

hē ▪ has ▪ a ▪ sack.

hē ▪ has ▪ a ▪ fan ▪ and

a ▪ rat ▪ and ▪ a ▪ rag.

hē ▪ has ▪ a ▪ sack.

hē   sun

sad   mē

mē   sad

sun   hē

c

o   l   g

     o

u

   o   ā

    c

c   l

i _____

ē _____

l _____

o _____

m _____

mad	**mad**	**mad**
rug	**rug**	**rug**
mitt	**mitt**	**mitt**
sack	**sac**k	**sac**k

that ■ man ■ has ■ thē ■ māi**l.**

hē** ■ is ■ lāt**e**.**

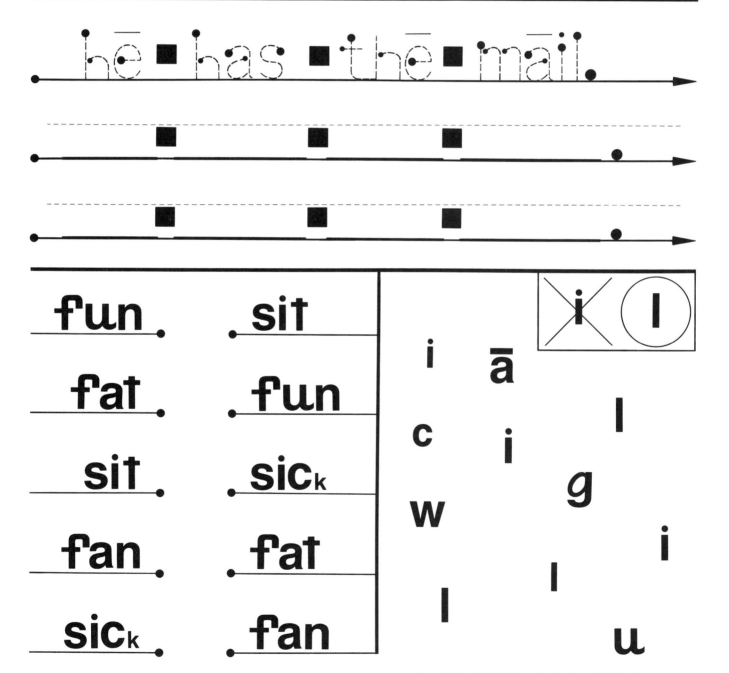

he ■ has ■ the ■ mail.

fun	sit
fat	fun
sit	sic**k**
fan	fat
sic**k**	fan

i   ā

c   i

w   g

i

l   l   u

w w

n

l

t

a

m**ē**ₐn	m**ē**ₐn 

m**ē**ₐn

fat

fat

fat

sic_k

sic_k

sic_k

roc_k

roc_k

roc_k

wē ▪ sēē ▪ a ▪ hut. ▪ wē ▪ will

run ▪ in ▪ thē ▪ hut.

wē ▪ will ▪ locₖ ▪ thē ▪ hut.

we ▪ see ▪ a ▪ hut.

▪   ▪   ▪

▪   ▪   ▪

locₖ	licₖ	
sicₖ	socₖ	
rocₖ	locₖ	
socₖ	rocₖ	
licₖ	sicₖ	

X (i)

c

l

w

w   i

i   l

o

l

i   g

W w

g

c

l

o

hē		hē		hē	

nut		nut		nut	

rāin		rāin		rāin	

fun		fun		fun	

wē · had · a · ram.

that · ram · ran.

wē · ran · and

hē · ran.

wē · had · a · ram.

[x] sh   (th)

th
c
Sh   g
l th   sh
ā   w
th
Sh   th
g
sh   u

ron
sēē
run
ran
sit
rat

sēē
rat
ron
sit
run
ran

Sh Sh

w

g

u

a nut	a man	rock

sad	rat	a sack

rag	a lock	run

a rug	sit	a hat